Nicolás Rey

CONFLICTO DE PODERES

(1987/1990)

Conflicto de poderes.
1a ed. - Buenos Aires : el autor, 2009.
73 p. ; 22x15 cm.

ISBN 978-987-05-6617-5

Foto Portada: Júpiter e Io;
Sonda Galileo, NASA.

Para Marce, sin la que
lo peor de esta época hubiera
sido posible para siempre.

Primera Dentición

Primera Dentición

PSEUDOCLOROSIS

Un espejismo
de materiales insípidos
traspasa la frente de mi techo.
Su boca se abre
hasta límites ingobernables
y accedo a la pregunta...
pero ya me ha tragado
la llama de sus signos.
Su madera tiene rabia,
y no existen vacunas
contra la introspección;
ni más ni menos
que un sondeo inútil:
no he comenzado a traducirme
y ya olvido las palabras
con que los semidioses
me echaron de su templo.
Grave error de la memoria
no tener manos.-

CATARSIS TRANSGREDIDA

Algo de abril
se queda entre las rejas
de los primeros fríos.
La fosforescencia
de una vieja piedad,
toda tapiada con flores de roca,
la unánime catarsis del año internado
con el pulso leve con los signos en coma
con el contrapunto nada sutil...
Algo de abril,
que no tiene de presagio
lo que no tiene de culpa.
Y cuando vuelva la lluvia,
lo cierto es que esta tierra
estará ya lo bastante reseca,
aguardando el augurio
de las grandes empresas,
como salida de un pozo,
o de una mina;
sin pulir.

Aguardando una fe traicionada.

Una traición de abril,
un monóculo difuso.
Del otro lado sólo flores de roca,
listas para ser plantadas

Entonces abriguémonos.
Abríguenme.
En la intemperie de las horas
quedan días de abril que nunca pasan.
Como éste.-

Presiento que te toco.
Te observo,
detrás de mi locura,
y alecciono mi obsesión,
y te beso una mano
y te confieso
una predilección sin edad,
que es más que un amor
o un escarmiento:
es el barro,
el verdadero fundamento
de todo lo posterior.

Presiento que te quise,
como que lo posterior
es anterior
y hoy la predilección
escarba como miles de pepitas
bien a flor de limo,
y te siento cerca, y te busco,
detrás de esta locura de quizás
que es una farsa de tiempos,
un color extraño,
perenne y entrañable.

Y presiento que te perdí
mucho antes de la memoria,
y que nunca nos conocimos,
y que se nos hizo tarde
demasiado pronto...

Pero presiento que dejé
de ser analfabeto
aunque no sepa nada,
ni de vos;
trazo lo obvio y lo dejo hacer,

en tiempos justos
y sin reclamar a nadie:
aquí estoy,
lobo pero no de veras,
al lado del disfraz,
agazapado tras un árbol
que se trasparenta
y ya no me oculta.

Presiento que venís
por el sendero;
y presiento
que me vas a ver.-

ENTRETANTO

Pobre Sol
Amuleto dorado
Inconsulto
de civilizaciones adoradoras
Pobre Sol

Lastre de su raza de soles
De cuarta categoría
Tan vital
y venir a iluminar este esperpento
Pobre Sol

Una serpiente mágica
se enrolla sobre su cabeza
y sus rayos llueven como esquirlas
de un oro sabiamente inmaterial

Pobre su horror y pobre su luz
Que acecha a través
de todos los anversos y reversos
de esta sombra paulatina
que ya somos
La que no tiene lados
La que no brilla nunca
Brillantemente pobre comunión

Pobre Sol que aún no entiende quién es
Pobre aquél que no trata de decírselo
aunque sea una vez.-

PARA COLGAR LA MONTAÑA
DE UN FELPUDO

-12-

A Roberto Juarroz, verticalmente

Ni todas las cosas
como yo las veo
Ni todos sus colores
que no son como los veo
porque no lo son
Apenas sólo ojos
para seguir sin saber nada
acerca de la nada
alrededor de la nada.-

ASCENSIÓN

Todas las arcas del milenio
Están vacías.

Los hombres del milenio muertos
y la creación convocada a las represas.

La Luna y su Mundo,
como dos grandes
rodillas poliomielíticas,
juntan el polvo del suelo cósmico
ante ese Sol omnívoro
que ha cercenado el resto de su cuerpo.

Así como lo entrevemos,
el infierno parece demasiado castigo,
pero no es más que un juego
de sotanas invertidas.

Porque yo confié en la Tierra,
y nos confinaron
a unos pocos continentes a la deriva.-

INTERVIÚS

Porque motivos sigue habiendo

Pero Temblar
Temblar
Lo que se dice Temblar
Ya no se tiembla como antes

Acostumbramiento
Huesos entumecidos
Tal vez olvido
No
Ya no se tiembla como antes.

Me miro.
Carne en descomposición.
Cerebro joven en descomposición.
Huesos...
Ellos también, en descomposición.

Me miro, tan blando.
Y ya ni eso me hace temblar.
Yo temblé
Temblaba
Con huesos elásticos
Con carne de tacto
Con cerebro diapasón de sí mismo

Me miro.
Historia de la historia
La que mis historiadores reservan para sí
El dulce onomástico de la vida...

Me miro.Y no me entiendo.-

Todo en la vida
es un juego
de polaridades
Giramos y giramos
porque nos quieren
vivos
En la mira
Y así queremos
Entumecerse
entre tanto movimiento
resulta el peor
de los azotes.-

Algunos dicen
que todo es pasado
Que lo único concebible
es el pasado
Que queda poco
por hacer
o por decir

Puede ser

Son como la angustia
Tiene puertas
Y todas las puertas
abren a algo que ya existe

Puede ser

Los Domingos
nos pago la comida.-

LA TERCERA PRENDA

Para nosotros
no hay nada más que el mundo

No hay nada más profundo
que el mar
No hay nada más hermoso
que una belleza cualquiera

Para nosotros,
no hay nada mas que el mundo.

Es peligroso soplar;
puede tambalearse
la construcción equivocada.
¿Y luego?
No habrá dónde ir.
¿Y entonces?
Lobos y Cerditos
compartiendo esta vulnerabilidad común:
controlar al hombre,
y esperar que todo salga bien.

Estamos en eso.-

Otro rato
Otra maratón
de puliciones
o pulimentos

Polimientos

¿Retroceder?
Imposible

Sáquenle la cofia
a los relojes
y verán esa serie
de ruedas que se muerden,
energúmenas

Sáquenle la cofia
a las personas
y verán esa serie
de croquis que se muerden,
energúmenos

Resultado
de interacciones
impredecibles,
encima sujetos
a un ciclo
que no cierra

Otro rato

Mala noche
para contar minutos.-

Cruzado por energías brutales
hago oídos al horror de la vida
y al horror de la muerte
En este juego de la revelación
no asoman las certezas
y quisiera partirme en charcos asimétricos
por no destrozarme al puzzle de los días

Es el empalme crítico de zaguán,
luces al fondo de madre que enamora;
y a purgar los lamelibranquios.

Hundo las manos en los filos del bolsillo
y no hay ninguna palabra que contenga
todo lo que dicen mis orillas

Póstumo de póstumos
el perfume es la fragancia
de mis detractores
Y el olor de los miedos
el que hace infelices
a mis postergados

¡Tan inteligente y tan maleable!

No me busques.
No puedo escapar.-

Cuánta pena, señor.
Cuánta congoja.
Cuántos años
y cuánta espera
para nada,
para nada;
las mismas fallas,
las mismas limitaciones
me abatieron.
Cierro la puerta,
y nuevamente me agarré
la mano.
Con sangre firmo
esta despedida atroz,
y me decido
a aprender a olvidar
lo inolvidable, señor,
seguro
de que voy a fracasar.-

POCAS PLUMAS

Una semana de estas
entregaré mis alas
en calidad de pato feo
de la boda del Mundo
Ese que arremete con su cisne
siempre a contramano
de la historia
Todo vocación
por ser el centro de la desdicha
La importancia
por la importancia misma
Siempre carreteando en círculos
alrededor de la torre de control

¿Para qué quiero alas?
Sólo las usan
los patos salvajes ¡cuac!
Y yo adoro mi estanque
Y aleteo, cerca de la orilla,
como si pudiera salpicar
el futuro.-

KEFORAL

Estoy aguardando
a la secta que me desfigure
Que me destace
los contornos sublimes
y los haga hoguera

Estoy aguardando
que me sirvan
en mantel bordado, de marfil,
con la manzana en la boca
            en la risa
                    en el eruto sincero

Plín plín las copas
Todos los cubiertos
Es la máscara del faraón:
perejil y la cuenta.-

MEMORANDUM

Mi color es el verde
Verde sombra
Verde lejos
Y me ayuno
y desayuno
con la misma cuchara
Tierra de abasto
a los buches de ratón
Elementos puros
Miradas que sé
pero no puedo ver
O mutación
de la clarividencia
Oscuridad total
Arrastrarse sin sentidos
entre edificios invisibles
en el campo
Subir cien pisos
y arrojarse sobre
el fardo de heno...
Y hallar la aguja, sí;
pero no habiendo calculado
los tridentes.-

Segunda Dentición

-25-

MIGAJAS

La astucia
del horóscopo
es no decir cuándo.

Igual los soles
y sus mundos
se alinean.

Pero no confío
en las antorchas
demasiado buenas:

Pegame fuerte,
pero poco,
y bien.-

REMORAS

Como un apego
en nada compulsivo
pero incontrolable,
experimento la fascinación
de la Rémora hacia el predador,
su desigual,
el terrible que le guía
consciente del estorbo,
el poderoso de la comunión,
que lo protege
pero lo atormenta,
el que lo alimenta
y también de peligros,
en esa travesía
que no es exactamente propia
siendo la propia.
Juego con eso,
atándome tan tontamente
a esa debilidad simbiótica,
si ya estoy tan atado
que de Rémora a gusano
ni puedo ayudar
a que me trague la Tierra,
entre otras...

Mancha helada

Los ojos en volutas
Equilibrio precario
Qué despropósito:
otra vez
me descubrieron.

El gesto sin gesto
La garra transformada
Entumecer presencias
Y una estatua sin valor.

Desespero, casi fósil:
nadie viene a rescatarme.-

CAIDA LIBRE

Tropiezos son las hojas.

Tropiezos para plantas
que no saben empujar.

Y no son las hojas,
son las plantas
las que resbalan cayendo,
como yo,
que tengo de ellas,
que tropiezan conmigo.

Las hojas,
los tropiezos,
ya no esperan.
Se tapizan de mí.

Y yo las acaricio
y las escribo ahora:
a todos se nos ha dado
andar por el suelo.-

FIESTA

Durante las estrofas llueve.
Supera las fisuras
insellables de la persona
y corre lapidaria
sobre lo quieto:
de mover lo inamovible
no sería nada.
Ufana de pasar,
desafiando en su función a cada uno
con tres absolutos a tono:

Atormenta las opciones filantrópicas
   con hachas desafinadas.
      Es toda pudor.

Experimenta los sonidos
   de las bocas de angustia.
      Es toda silencio.

Introduce una canción a su existencia
   sólo de vez en cuando.
      Es toda fuerza.

Es la fiesta del miedo.

¿Bailamos?-

DIÁLOGOS

Le pregunté por qué
Me dijo cuándo
No supe dónde
Nunca volvió.-

DESAYUNO

Hilo condescendiente
eslabones de lacra;
en paz desayuno
costras de tostadas
untadas
con lagañas dulces.
Celebro, casi vivo,
como si todo fuera pasar.
Como si alimentar de diario
la crin indescifrable
agregase letras
al pensamiento negro.
Marchan los contornos,
pujan por sus formas,
y en medio
de todas sus mociones
escucho una voz débil
que pide, por favor,
la mermelada.-

REGRESO

-34-

Sin moverse.
Alimento a la mano,
de la mano a la boca.
Un lerdo amorfo
mundo conseguido,
detrás lo febril.
Al medio,
sublime sin contactos,
lo que yo creo talento;
derramándose,
derramándome,
subsisto.-

COSITAS

¡A veces somos tantos!

Nos gusta andar manchados,
desprolijos.
Pululamos por los recovecos
haciendo ruido;
a la gente
le gustan nuestros ruidos,
aunque no duerma.

Entienden de vibrar.

Nos pasamos
las vidas escondidos,
juntando porquerías.
Es que todos queremos
llevarnos algo,
aunque sea una chapita.
No importa a dónde,
¿a quién importa eso?
Vamos y pedimos permiso.

A veces nos dejan.-

Nadar en nadales
Amparado por la enemistad
Salir y secarse
Y jamás ser Viernes
Lechuza de ocho ojos
    con pleon basáltico
Flotando
Entre espadas de papel
Que hachan el suelo
Subo hacia un árbol con melena
- guedejas rubias de Martí -
Y abajo ratas
Que me tiran piedras
Escritorios cristal maderizados
De bosque burocracia
Y yo caoba
Velo de plata
Para una mala Escoba
Y adónde está la maza
Para comenzar a demoler la casa
La migración
    de los pequeños seres
Vendiendo magos
    a una pinta la menta
Viejos de este frío alergizante
Que estornuda montacargas
Y me encuentra rollizo
De veranos consentidos
Enaguantando
Servil hasta el hartazgo
Enroscado en la prensa
Doy el jugo.-

COLABORACIONES

Retrasos y colapsos
Abandonos literales
Reincidencias

Figuración
de un arquetipo
desdivinizado
El todo por el toro
La razón

Pensar que no hay remedio

Sólo las iras
del presentimiento
Del sentimiento
anterior al sentimiento

Reconversión
de los recursos

Pensar que no hay enfermedad

Pero lamentos enfermizos...

EVIDENCIA

Los dedos flacos
de asentar anillos
Los cuellos duros
de marfil labrado
Las muñecas chuzas
de cargar esposas

Radios mágicos,
que hablan.
Lentes grávidas,
que multiplican.

Cruces y descruces
Fuegos de artificio
para un cielo
de artificio

Me pregunto
si podrían ver
que sufro.-

FAMILIARES

Un cesto.
Una cesta.
Un cestito.
Juntos.
De las manijas.
Arrastran sus pajas;
van con órganos de fruta
y música de supermercado.
No se lamentan;
tampoco pueden.
La felicidad
tiene formas impredecibles.
"Cambio, caja dos"

EL UMBRAL

Voy a empaparme de reproches,
sedimentando de obediencia
en un lago de deshielos y lebreles.
Huyendo siempre de las polifonías,
haciéndome profano
y untándome ornamentos
sabré posar ante las hermandades
Y cuando el silencio
de un espacio inllenable
me sorprenda el hombro nuevamente,
quizá,
empuñando mi desidia,
convoque a una tibia comprensión
que no comprenda.

Sentado como estoy aquí,
mojándome las horas,
curtiéndome de trajes,
las uñas
ya me duelen las rodillas.
Porque no puedo levitar.
Estoy más que anclado
y no puedo levitar.
Y arrastrando
el hierro y su cadena
estoy libre,
y preso,
y no sé si exista diferencia.-

ENCARGADOS

En sendas tortuosas
Barridas por imprecaciones
Encuentros neoclásicos.
¿Será una virtud
 Tanta parafernalia?
¿O el acróstico
 De los mil terrores?
Buscando un ABC
De la inocencia
Entronizar luchas interiores
Gnomos perversos
Con alma de lagarto overo
O una lección de frenesí
Mucho olfato
Y poca letra
Tratar de mantenerse
En el consorcio
También acertar un autoeclipse
Es defender
El normal desenvolvimiento
De los astros.-

Otro tiempo
Otra historia
Los mismos actores
y los mismos sueños
Mezclar las cartas
y volver a dar.

Igual habría pasado.-

CUATRO ESLABONES METAFISICOS

-43-

Dentro de la casa
hay un pueblo.
En el pueblo una ciudad
y en la ciudad un mundo.
Pero el mundo está vacío.
Y el timbre de la puerta
ya nunca dejará de sonar.
El cartero
no está dentro ni fuera:
no existe.
¿Quién puede saber
 que yo envié mi carta?
Igual esperaré
cada mañana recibirla...
Si es que no olvidé
fijar un remitente,
si es que estoy
en algún sitio
cuando vuelva.-

REVUELTO GRAMAJO

Siento las venas áridas
como para portar henchidas
el metal
que habrá de perdurar
las carnes
dativas y famélicas
con que comienzo a desasirme
del implacable tronco
de la horca.

Siento las venas lánguidas
como para dejarse atravesar
en colador
por los tizones que desagotan
dentro de esta hoguera
abatidora del mundo adormecido,
los que hacen tambalear
la supermente
tan mal acostumbrada
a la competencia
del eterno moribundo.

Siento las venas planas y delgadas
como la seda que protege
a los insectos embrionarios,
las libélulas y las abejas
y las moscas y las pulgas
que habrán de alimentar sentidos
cuando comprometan

a mis sentimientos esenciales,
los que habrán de combinar
con el fuego y el agua y el éter
de mis nuevas químicas,
algo así como una crisálida utópica
que reverdece al consenso
de sus integrantes.

Y siento las venas listas
a pesar de todo,
a pesar del ciego que se defiende
a bastonazos compulsivos,
y siento la ira tremenda de mi alado
que se revela de los andamios malnutricios,
y siento la necesidad de desanquilosar
y deslanguidecer y desentumecer
estas áridas venas
con que debo reaprenderlo todo,
y todo de cero
y por detrás del cerco volitivo,
ese que nunca cejó
ni encontró obstáculos para destronarme.

Siento que siento hasta las venas,
los capilares ínfimos los poros,
cada uno reclamando
su merecido y definitivo lugar.
Yo quiero dárselo
porque quiero dártelos a todos,
para que hagas con ellos
lo que quieras,
ya que mi debate a pluma y muerte
aún no sabría bien qué hacer
sin su estado de controles punitivos,
del que no sé exactamente cómo

he decidido deshacerme,
y deshacerme entero,
como para poder proyectar en lo concreto
aquello de una cuarta dimensión
construida a labios y besos.-

MALA COSTUMBRE

-47-

Pulgar
de la complacencia
y del suicidio
te condeno.
Bien para la sexta
para la taza
para el espaciador.

Y pará de contar.-

Hay algo previsible
en tus ojos
Unos huecos
asestados por rufianes
Unas marcas rojizas
que se mueven
Una lenta agonía
no desencadenada

Hay algo previsible
En tus ojos
Que no me deja
descansar en paz
Ni mendigar otro rumbo
menos vacío donde,
sin embargo,
vivo haciendo pie

Allí
donde lo previsible
se vuelve certeza.-

DE LA RAZON A LA IMAGEN

Disparar al pájaro sobre las alas
O en su prisión de agua parafina.

Un fósforo
nos abre una ventana de gato realidad,
ventana pupila a sus ojos increíbles
de viaje quiasma sin techo.

Al pájaro sobre las alas,
y al murmullo de biblioteca casera
consumiendo espacios indocumentados

Despertando el sentido cuál.

Una lírica de parafinas
haciéndose de escombros

Un confortable ojo nicho de extrarrealidad
que hoy nos separa pupila entre mis sueños.

Extrañemos,
que a veces sale bien
reprocesar las velas:

el viento que las empuja esos barcos que veo
el viento pulmonar que las apaga
nuestra fiesta y los besos.-

SUCESIONES

Te convido
a un poco de mi suerte.
No, no cierres los ojos:
no es obligatorio
jugar a la escondida;
es probable
que ni así me encuentres.
Te contaré un secreto:
letras de muerte
reabren las cortinas.
¿Ves algo afuera?
Yo tampoco.
Llueve, llueve tanto.
Sí sí; detrás de la ventana
hay cosas que se mueven;
quieren entrar.
Quieren
que las dejemos entrar.
No, no cierres los ojos;
mi murmullo te acuna,
pero no le des prisa.
Aquí
viene tu mundo de postal
en carretilla.
¿Lo dejamos entrar?
No sé, tampoco eso.
No me conmines a recitarte
precisiones de infancia:
tirá;
tirá de una vez
y que fluyan, recalcitrando,
los amargores.

No; no cierres los ojos.
Te convido
un poco de mi suerte:
tendrías que adivinar
qué mano;
no quiero presionarte,
pero yo elegiría la otra.
Te lo dije.
¿Y ahora?.-

EL PENDIENTE

En ocasiones me entretengo
con mi muestrario de reliquias,
tal vez sin engañarme:
es posible que viva preparándome
para un tiempo que nunca vendrá.
Soy las palabras
de un dios
que balbucea entresueños,
y al no recordarme despierto
me recuerdo dormido.
Oigo un nombre,
otro, otro más;
se me apelotonan en la boca,
porque no me gusta repetir
y repetir las cosas
qué cosas
ésas cosas
que tal vez no pasen nunca.
Porque soy satélite
desorbitado de mis ojos
en esta cuasielipsis espontánea;
palpito en una estrella,
lo que puede dar
una inmensa sensación de soledad.
Que es la correcta.
Soy el gran pendiente
de la oreja cósmica
que me conmina a hablarle,
a inventarle excusas.
Soy palabras que balbucean,
o sea todo
porque alguien las escuche.

Tercera Dentición

TRONADOR

Piedra
Papel
y
Tijera

Para recortar
un atardecer imposible
y guardarlo en la memoria
del viejo que recuerda

Para tirarle
a las ánimas surgentes
que vagan y chillan
como el viento
en las venas

Para describir
con elementos incompletos
lo que la imaginación
jamás podrá crear.-

LA CIUDAD DE VITELO

Andando algunas calles
que llevan tu nombre
vi ventanas
asomando tu rostro.

Pregunté a una florista
que acomodaba sus flores
con tus manos
-¿De qué se trata
   este fenómeno?-

-Se trata de un encanto-
me contestó un transeúnte
con tu voz.
Corrí hacia casa,
pero al mirar en el espejo
no te vi.

Tras el vidrio
observé un efecto;
y vi calles y ventanas y flores,
y al fondo nos hallé.

Quise besarnos,
pero tu caricia esfumó el hechizo
y nos dejó de frente sin cristal.
Te sonrío,
como si fuera cualquier risa...

Mi conciencia
ya no puede ponerte nombre,
porque no puede ponerle nombre
a todo lo que aún no ve.-

Se desplomaba el Sol
Y yo tratando
de poner chinches
A la tarde

Las horas cuadradas
En el cubilete celeste
Y yo golpeando los tambores
Por abrazar la gloria
Con bracitos de Talidomida

Las crestas de las calles
Llovidas de antenistas
Y yo aquí abajo
Aún creyendo
En la búsqueda de la belleza

¿De quién será el tiempo
  que nadie persigue?
¿Por qué será tan importante
  el verdor de lograr y lograr?

Se desplomaba el Sol
Y yo tratando
De poner chinches
A la tarde
Tratando de lograr
Que el alma del calor
Se troque
En el fruto más carnoso
De estos días.-

Algo triste, marcado,
se me rozó en el alma;
una exequia austera
y ausente de dolor,
algo se me arrimó
y me desbandó
hacia el río
portentoso mortal
de lo sin nombre,
de lo sin ira,
y acurrucado así
ya sin clemencia,
me conmino a marchar
a un más allá,
a marcar sin renuencia
el paso de este vino,
del cáliz ámbar invisible
que acosa
el no apurar su trago.
No hago preguntas
al perdón;
desato mis cabos
hacia donde todo alrededor
es horizonte,
y busco pie.-

Te celebro
cada vez que el tiempo
Aún si en segundos
Por la esquina...
Celebro encontrarte
Y generar el armisticio
Esa pompa fugaz
Que no baja banderas
Encontrarte abajo
o en las entrañas de la Luna
Siempre burlándonos
del Mundo
Con algún tributo
a su clemencia
Te celebro
cada vez que el tiempo
Ya no existir más indiferente
Ya no ser más barco
Ser espuma
Al mar de la locura
no se lo transita
Se le pertenece.-

EXTRACTO VOMITABLE SIN LEYES

De pronto
De sorpresa
El esófago miserable
de mi entraña negra
Me precipita
hacia las napas
terribles conocidas
Y es la indecible soledad
Y el silencio indecible
como el reducto del anacoreta
Reza y más rezos
que pudieran alejarlo
así tan vulnerable
de sí propio
Una pulga
Una pulga en busca
de su perro gastado
Que aúlla lejos
Impulsivamente lejos
Haciéndose imperiosamente
Inalcanzable
Es asfixia en el aire bueno
Y es terror
No quiero perdonarme esto
Te necesito ahora
Y el teléfono
es mi mudo persistente
Tengo que salir
Salir
Salir ya mismo
a la deriva urgente
Porque me estoy maltratando
maltratando tanto

He comenzado a generar
ese veneno
Y lo que más quisiera
es hincarme la muñeca compulsiva
para ya no volver a ser
mi sufrimiento.

Te debo un perdón y me lo debo.
¿Por qué perdón?
Por haber acunado
una pequeña muerte para ambos
sin siquiera haberte consultado.
Y por egoísta.
Y por cobarde.-

Cuando quepo en tu mano
no sirve que me esfuerce
en escalar tus dedos
Mejor ayudar a que aclare
por una comisura
Para limar a tiempo
los rastros del osado
Para ofrecer el agua
del manantial de tus ojos
a quien viene
de la más dura travesía.-

Sin verdugos
Ya en una ráfaga
de decrepitud
Me siembre lastre
Y aquél tiovivo
Palaciego y críptico y terroso
Me reprocha la vida
Y me retoca la muerte
Y acodados a mi mesa
Los temblores
Que las manos rectoras
Manos tectrices
Vacilaron oportunamente.
Perdí algunas clases de fe
Por el atontamiento
Pero salí a las uvas
De un vino tan preciso
Que ya he ganado
La condición del agua:
Mermar tras la marea
Para juntar
Mis panes
Y mis peces.-

Tengo una espada
sobre la cabeza
siempre proclive
a recordarme
"estás maduro"
con su hemiciclo
sin retorno.
Pero yo la sostengo
con las manos
que me saldan
Y con las otras
siento el revés
con que construyo
todo lo que aún
no está derecho
Salvo esta masa inmensa
Esta llave infinita
Que presiona
sobre cada pesadilla
Y nos muestra por sus haces
Que ya somos demasiado verdaderos
como para mendigar de la mentira,
como para refugiarnos en secreto
cuando afuera
está cayéndose del viento
el cristal
de la oportunidad que fue perdida.

No existen los refugios, mi amor;
nunca existieron.
Y es por eso
que ya nada nos detiene.-

OH GARABATO

Semantis Secantis
O el juego femental
Palante y cortante y sonante
Secreta sensaciones
A voces a yoses
Dice que a traveses
De orillas parrillas
De juzgar con palabras
Lo que es la parábola
Del pensar vibrante
El fantasma paciente
De tu avión narigón
Ha volado de mis ansias
De imán chocante

De ávidas dádivas
No contraproducentes
Naciendo inoculándose
Estas vidas enteras
De retrato oh garabato
Impostergables.
Limbus Nimbus
Vamos a jugar...

Cruceros de alta cabellera púrpura
en el lado occiso de mi resistencia
Lumínica alboroto
de cueva en los murciélagos
Sanan y sanan cascos
Rápidos cascos resonantes
Van y van
Redimiendo en el desvío
lo que en la senda
huele a huellas implacables
Y brotando buen verdeo
Soy mi sable
Al filo de su sospecha
Como perros de sangre
Desligados en coágulos
Dispuestos a atacarse
Furibundos
Pero con los dientes
demasiado débiles
para hacerse daño
Esperando que pasen
las lluvias y el verano
Esperando partir.-

Aquí están mis cosas viejas.
Las viejas.
Las que quiero.

De las otras, ah...
Qué desatino periférico,
vulgarmente pronunciado desatino,
o desamor.

Quién te viera, cosas viejas,
más persona que personales.
Quién te viera
acurrucada en mi regazo
esta noche tan calma...

Y aquí están.
Mis cosas viejas.
Las viejas.
Las que quiero.

Son bienvenidas, claro.

Voy a enseñarles cosas,
otras cosas,
porque yo sé que ustedes,
de la realidad, no saben nada.

Pero aquí están.
No, no se volteen.
No necesitan equipaje.
Aquí no necesitan
de envolturas abrigadas;

la brisa es hermosa,
y el tiempo del mundo
es sólo una ilusión

bien vendida.

Y ustedes
no tienen dinero.

Tienen ansias.

Bienvenidas
al mundo de los vivos.-

ÍNDICE

Tercera Dentición